Hacer mapas

Ben Nussbaum

※ Smithsonian

Autora contribuyente

Jennifer Lawson

Asesores

Dan Cole, M.A.
Coordinador de sistemas de información geográfica
y cartógrafo jefe, National Museum of Natural History

Sharon Banks
Maestra de tercer grado
Escuelas Públicas de Duncan

Créditos de publicación

Rachelle Cracchiolo, M.S.Ed., *Editora comercial*
Conni Medina, M.A.Ed., *Redactora jefa*
Diana Kenney, M.A.Ed., NBCT, *Directora de contenido*
Véronique Bos, *Directora creativa*
Robin Erickson, *Directora de arte*
Michelle Jovin, M.A., *Editora asociada*
Caroline Gasca, M.S.Ed., *Editora superior*
Mindy Duits, *Diseñadora gráfica superior*
Walter Mladina, *Investigador de fotografía*
Smithsonian Science Education Center

Créditos de imágenes: pág.6 (inferior) World History Archive/Alamy; pág.8 Library of Congress [G9111.P5 1633 .R7]; pág.9 (todas) cortesía de University of Minnesota; pág.10 Geographicus Rare Antique Maps; pág.11 World Digital Library/National Library of Sweden; pág.12 (izquierda) Gerry P. Young; pág.12 (derecha) © Smithsonian; págs.14–15 imagen cortesía de Submarine Ring of Fire 2012 Exploration, NOAA Vents Program; pág.15 Dorling Kindersley/Science Source; pág.16 cortesía de Defense Visual Information Center; págs.16–17 Library of Congress [LC-DIG-ppmsca-03354]; págs.18–21, pág.27 (inferior) NASA; pág.20 (inferior) Patrick Chapuis/Sygma a través de Getty Images; pág.24 Louise Murray/Science Source; pág.25 (superior) Ekkasit Keatsirikul/Alamy; pág.25 (inferior), pág.32 Mike Dotta/Shutterstock; pág.31 Library of Congress [G1001 .A4 1544]; todas las demás imágenes cortesía de iStock y/o Shutterstock.

Library of Congress Cataloging-in-Publication Data

Names: Nussbaum, Ben, 1975- author. | Smithsonian Institution.
Title: Hacer mapas / Ben Nussbaum.
Other titles: Making maps. Spanish
Description: Huntington Beach, CA : Teacher Created Materials, [2020] | Includes index. | Audience: Grades K to Grade 3
Identifiers: LCCN 2019047686 (print) | LCCN 2019047687 (ebook) | ISBN 9780743926416 (paperback) | ISBN 9780743926560 (ebook)
Subjects: LCSH: Maps--Juvenile literature. | Map drawing--Juvenile literature.
Classification: LCC GA130 .N8718 2020 (print) | LCC GA130 (ebook) | DDC 526--dc23

Smithsonian

Teacher Created Materials

5301 Oceanus Drive
Huntington Beach, CA 92649-1030
www.tcmpub.com
ISBN 978-0-7439-2641-6
© 2020 Teacher Created Materials, Inc.
Printed in Malaysia
Thumbprints.25941

Contenido

La magía de los mapas

Los mapas nos dicen qué camino tomar. Les dicen a los conductores de ambulancias cómo encontrar a quienes necesitan ayuda. Los mapas pueden ayudar a salvar vidas.

Los mapas existen desde hace mucho tiempo. Han cambiado mucho desde que se comenzaron a hacer. Los mapas de hoy son tan pequeños que caben en un bolsillo, pero tienen una gran importancia.

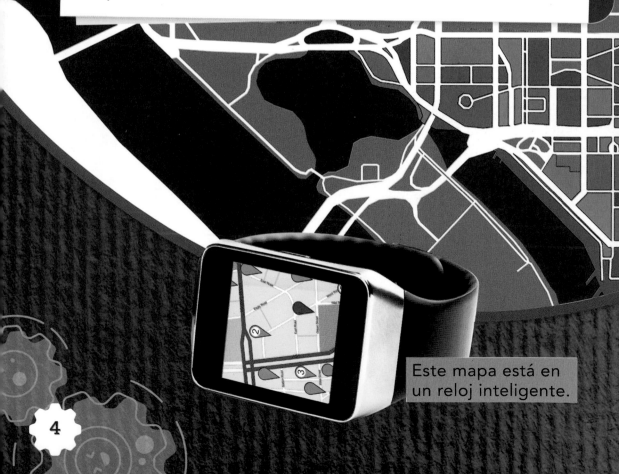

Este mapa está en un reloj inteligente.

Este mapa muestra las calles, el agua y los espacios verdes.

Este mapa está en un teléfono inteligente.

5

Los primeros mapas

Nadie sabe cuándo se hizo el primer mapa. Probablemente, solo haya sido un dibujo en la tierra.

Uno de los mapas más antiguos que aún sobrevive está hecho de arcilla. Se creó en Babilonia, una ciudad que existió hace mucho tiempo. El mapa no tiene muchos detalles. Algunos de los lugares que se ven en el mapa todavía existen. Otros ya no están más.

islas

montañas

Babilonia

río Éufrates

océano

mapa encontrado en Babilonia

Esta pintura muestra cómo puede haber sido la entrada de Babilonia.

Durante muchos años, hubo pocos mapas. Los mapas se dibujaban a mano. La mayoría no eran muy **precisos**.

Costaba mucho dinero hacer mapas. También costaba mucho dinero comprarlos. Solo los ricos podían pagarlos.

Hace unos quinientos años, se empezaron a imprimir mapas. Hacer mapas se volvió menos costoso. También se volvió más común.

Este mapa del mundo se dibujó a mano en 1633.

En Europa, muchos mapas antiguos se dibujaban sobre pieles de animales. En China, muchos mapas antiguos se dibujaban sobre seda.

Los mapas antiguos tenían dibujados detalles que servían para contar historias sobre los lugares.

Este mapa se dibujó sobre una piel de animal en España, en 1466.

Espacios en blanco

Algunos mapas antiguos tienen espacios en blanco. Las personas que hacían los mapas no sabían lo que había allí. Algunos lugares nunca habían sido **explorados**.

A veces quienes hacían los mapas dibujaban monstruos en lugares que aún eran desconocidos. Otras veces, adivinaban lo que creían que había allí. Con los años, los mapas mejoraron.

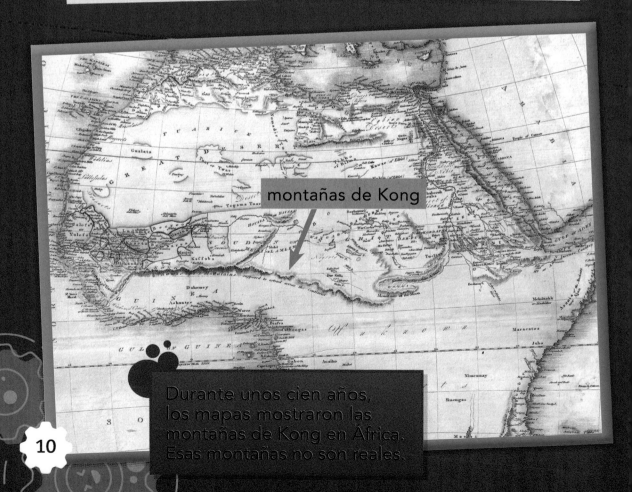

montañas de Kong

Durante unos cien años, los mapas mostraron las montañas de Kong en África. Esas montañas no son reales.

Este mapa de 1572 muestra monstruos marinos debajo de Islandia.

Para ayudar a llenar los espacios en blanco que había en los mapas, los exploradores viajaban a lugares nuevos. No tenían mapas que los ayudaran a encontrar el camino. Por eso, llevaban instrumentos para saber dónde estaban.

Uno de los instrumentos que siguen usando los exploradores hoy en día es el **cuadrante**. Muestra el ángulo que hay entre una persona que está en el suelo y el Sol o una estrella. Puede mostrar qué tan al norte o al sur está una persona. Otro de los instrumentos que se usan para hacer mapas es la **brújula**. Ayuda a las personas a saber hacia dónde van.

Un hombre usa un cuadrante.

Este cuadrante se hizo en el siglo XVII.

12

Encontrar la dirección

La aguja de las brújulas es un imán. La Tierra también es un imán. Los polos norte y sur son las partes más magnéticas de la Tierra. La aguja de una brújula gira hasta que apunta hacia el norte o el sur, según el tipo de brújula y si la persona está al norte o al sur del ecuador.

Una rosa de los vientos indica la dirección en los mapas.

Poco a poco, los mapas se han ido completando. Pero todavía hay partes de la Tierra que no tienen mapa. El espacio en blanco más grande es el suelo del océano.

Los científicos están tratando de aprender más sobre el suelo del océano. Saben que está allí, pero no tienen más detalles. Usan **ondas sonoras** para descubrir esos detalles. Los barcos envían ondas sonoras bajo el agua. Los científicos anotan cuánto tardan las ondas en hacer eco, es decir, en rebotar y volver. Eso los ayuda a conocer la forma que tiene el suelo del océano.

-1830
-2100
-2400
-2700
-3000
-3300
-3600
-3900

Profundidad (m)

Los científicos usan ondas sonoras para crear imágenes como esta.

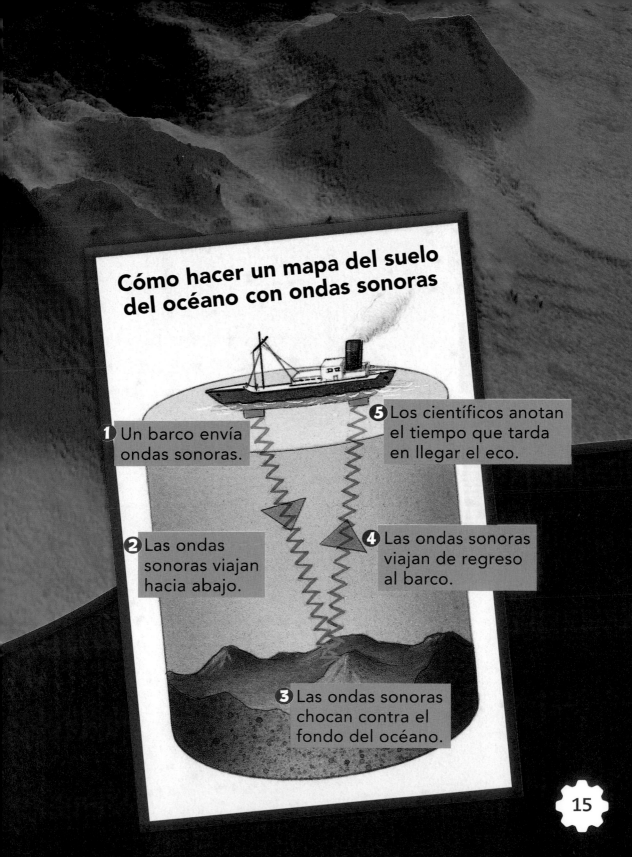

Cómo hacer un mapa del suelo del océano con ondas sonoras

1 Un barco envía ondas sonoras.

2 Las ondas sonoras viajan hacia abajo.

3 Las ondas sonoras chocan contra el fondo del océano.

4 Las ondas sonoras viajan de regreso al barco.

5 Los científicos anotan el tiempo que tarda en llegar el eco.

La vista desde arriba

La mayoría de los mapas muestran una vista desde arriba. Eso se llama vista a vuelo de pájaro. Con la vista a vuelo de pájaro, nos parece que vemos la tierra como lo haría un pájaro.

En el pasado, era difícil dibujar una vista a vuelo de pájaro. No había aviones. Nadie sabía cómo era la tierra vista desde arriba. Luego, hace unos doscientos años, las personas comenzaron a comprar cámaras. Les pusieron cables, y ataron las cámaras a cometas. También pusieron cámaras en globos y pájaros. Usaron los cables para tomar imágenes de la vista que había desde arriba.

En esta fotografía de 1895, unos miembros del Ejército de EE. UU. sostienen una cometa que tiene colocada una cámara.

Hoy en día, se pueden usar drones para tener vistas a vuelo de pájaro.

Este mapa de 1897 muestra una vista a vuelo de pájaro.

Puntos de distancia

Las escalas de los mapas muestran las distancias en los mapas. Primero, quienes usan un mapa miden la distancia entre dos puntos. Luego, usan la escala del mapa para calcular la distancia real entre esos puntos.

```
0    1    2    3    4    5    6    7    8    9    10
```

⊢——⊣ = 50 kilómetros

Antes era difícil tomar fotos desde el cielo. Pero hoy en día es fácil. De hecho, las fotos se toman desde más altura que antes. Quienes hacen mapas pueden incluso usar fotos tomadas desde el espacio.

Los astronautas que viven y trabajan en el espacio toman algunas de las fotos. Los **satélites** también toman fotos. Todas esas fotos muestran cómo se ve la Tierra desde muy lejos.

Esta foto del estrecho de Gibraltar fue tomada por un satélite desde el espacio.

El astronauta Don Pettit usa un taladro y una cámara para tomar fotos.

Fotos espaciales

Tomar fotos desde el espacio era un problema. Salían borrosas. Un astronauta de la Estación Espacial Internacional (EEI) tuvo una idea. Puso una cámara en un taladro. El taladro hizo girar la cámara en sentido contrario a la EEI. El giro mantuvo la cámara estable. Las fotos salieron bien.

La vista desde arriba ha cambiado la manera de hacer mapas. Ahora es fácil saber la forma de una carretera o un río. Y, desde el espacio, se pueden ver cosas que son difíciles de observar desde el suelo.

Un ejemplo está en África. Se llama el ojo del **Sahara**. Es un círculo enorme hecho de rocas. Es demasiado grande para ver su forma desde el suelo. Pero desde arriba de la Tierra, la forma se hace **evidente**. Ver el mundo desde arriba hace que los mapas sean más precisos.

el ojo del Sahara visto desde el suelo

el ojo del Sahara visto desde el espacio

Mapas móviles

Los mapas de hoy son fáciles de usar. Muchas personas tienen teléfonos inteligentes. Eso significa que siempre tienen un mapa a la mano. Los mapas de hoy también son muy precisos. La mayoría utilizan **GPS**. El GPS es una herramienta que se conecta con los teléfonos. Usa satélites que están en el espacio. El GPS puede mostrar dónde está una persona en todo momento.

En Tailandia, un hombre usa el GPS en su teléfono inteligente.

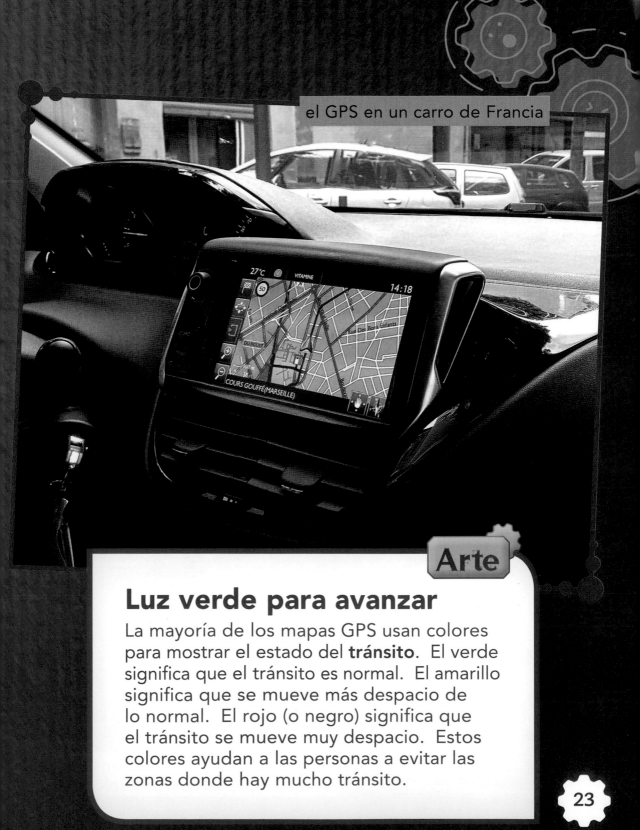

el GPS en un carro de Francia

Luz verde para avanzar

La mayoría de los mapas GPS usan colores para mostrar el estado del **tránsito**. El verde significa que el tránsito es normal. El amarillo significa que se mueve más despacio de lo normal. El rojo (o negro) significa que el tránsito se mueve muy despacio. Estos colores ayudan a las personas a evitar las zonas donde hay mucho tránsito.

Los ingenieros están trabajando para que los carros hagan sus propios mapas. Los sensores de los carros escanearían las carreteras y registrarían todas las rocas y hoyos. Estos pequeños detalles se agregarían a un mapa gigante.

El mapa no sería para la gente. Sería un mapa hecho por carros, para carros. Los carros que se conducen solos lo usarían para que los pasajeros viajen mejor.

Un pasajero está sentado en un carro que se conduce solo.

Este dispositivo hace un mapa digital de la calle y de los detalles de los edificios.

Un carro que se conduce solo usa la tecnología para viajar con seguridad.

Los mapas son importantes

Los mapas son muy importantes. Algunas personas coleccionan mapas antiguos. Gastan mucho dinero en comprarlos. Otros mapas antiguos están en los museos. Esos mapas son obras de arte y de la ciencia. También son una parte importante de la historia.

Los mapas de hoy también son obras de arte y de la ciencia. No son tan costosos como antes. Pero siguen ayudando a las personas a encontrar el camino.

Esta imagen de Boston se tomó desde el espacio en 2012.

Este mapa de Boston se dibujó alrededor del año 1700.

Este es un mapa actual de Boston.

DESAFÍO DE CTIAM

Define el problema

Hay un estudiante nuevo en tu clase. Tu maestro te ha pedido que hagas un mapa de la escuela para el estudiante nuevo.

 Limitaciones: Tu mapa debe estar dibujado desde una vista a vuelo de pájaro. Debes incluir colores en tu mapa.

 Criterios: Tu mapa debe tener una leyenda, una rosa de los vientos y dibujos de los lugares importantes de la escuela. Debe ser claro y fácil de usar.

Investiga y piensa ideas

¿Cómo ayudan los mapas a que las personas se orienten? ¿Qué significarán los diferentes colores de tu mapa? ¿Cuáles son los lugares importantes de tu escuela? ¿Dónde están?

Diseña y construye

Decide lo que incluirás en la leyenda de tu mapa. Luego, haz un bosquejo de tu escuela como si estuvieras mirándola desde arriba. Dibuja y colorea tu mapa.

Prueba y mejora

Comparte el mapa con tus amigos. Pídeles que encuentren un lugar en el mapa. ¿Lo encontraron fácilmente? ¿Es claro el mapa? ¿Cómo puedes mejorarlo? Mejora tu mapa y vuelve a presentarlo.

Reflexiona y comparte

¿Podría un estudiante nuevo leer y comprender tu mapa? ¿Cómo puedes hacer que tu mapa sea más fácil de usar?

Glosario

brújula: un instrumento con una aguja magnética que muestra la dirección

cuadrante: un instrumento que se usa para determinar qué tan al norte o al sur está alguien

evidente: fácil de notar o de ver

explorados: visitados o estudiados

GPS: significa Sistema de Posicionamiento Global en inglés; un sistema que usa señales que vienen del espacio para mostrarle a una persona dónde está y cómo llegar a otro lugar

ondas sonoras: vibraciones que pueden oírse

precisos: sin errores

Sahara: un desierto muy grande de África

satélites: máquinas que se envían al espacio para que se comuniquen con la Tierra

tránsito: se refiere a la cantidad de personas o vehículos que hay en una carretera o en un lugar

Índice

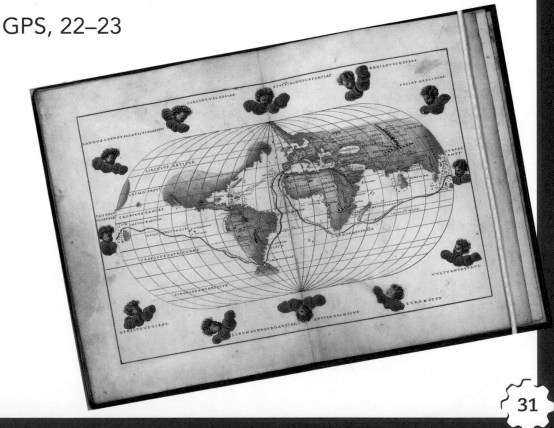

Consejos profesionales
del Smithsonian

¿Quieres diseñar mapas?

Estos son algunos consejos para empezar.

"¡Yo hago mapas de Marte! Si te gustan los mapas, comienza a dibujar los tuyos. Tal vez algún día tus mapas se usen para explorar nuevos lugares".
—*Jim Zimbelman, geólogo superior*

"Mira los mapas y sé el guía en los viajes familiares en carro. Aprende sobre la Tierra, y podrás hacer mapas hermosos e interesantes".
—*Dan Cole, coordinador de sistemas de información geográfica y cartógrafo jefe*